Billar tres bandas: Petits motifs de cercle de table

De tournois de championnat professionnel

Testez-vous contre les joueurs professionnels

Allan P. Sand
PBIA Instructeur de billard certifié

ISBN 978-1-62505-291-9
PRINT 7x10

ISBN 978-1-62505-445-6
PRINT 8.5x11

First edition

Published by Billiard Gods Productions.
Santa Clara, CA 95051
U.S.A.

For the latest information about books and videos, go to: http://www.billiardgods.com

Acknowledgements

Wei Chao created the software that was used to create these graphics.

Contenu du livre

Introduction..**1**

À propos des dispositions de table 1

Instructions de configuration de la table..2

But de la disposition des tables 2

A: Table de quart...**3**

A: Groupe 1 3

A: Groupe 2 8

A: Groupe 3 13

B: 1/8 modèles de table **18**

B: Groupe 1 18

B: Groupe 2 23

C: Force la balle en avant...**28**

C: Groupe 1 28

C: Groupe 2 33

D: Revers intérieur...**38**

D: Groupe 1 38

D: Groupe 2 43

E: Première jambe prolongée **48**

E: Groupe 1 48

E: Groupe 2 53

E: Groupe 3 58

F: Troisième jambe prolongée **63**

F: Groupe 1...63

F: Groupe 2...68

F: Groupe 3...73

Other books by the author ...

3 Cushion Billiards Championship Shots (a series)

Carom Billiards: Some Riddles & Puzzles

Carom Billiards: MORE Riddles & Puzzles

Why Pool Hustlers Win

Table Map Library

Safety Toolbox

Cue Ball Control Cheat Sheets

Advanced Cue Ball Control Self-Testing Program

Drills & Exercises for Pool & Pocket Billiards

The Art of War versus The Art of Pool

The Psychology of Losing – Tricks, Traps & Sharks

The Art of Team Coaching

The Art of Personal Competition

The Art of Politics & Campaigning

The Art of Marketing & Promotion

Kitchen God's Guide for Single Guys

Introduction

Ceci est l'une des séries de livres de billar tres bandas qui montrent comment les joueurs professionnels prennent des décisions, en fonction de la disposition des tables. Toutes ces mises en page proviennent de compétitions internationales.

Ces dispositions vous placent dans la tête du joueur, en commençant par les positions des boules (indiquées dans le premier tableau). La deuxième disposition du tableau montre ce que le joueur a décidé de faire.

À propos des dispositions de table

Ce sont les trois balles sur la table:

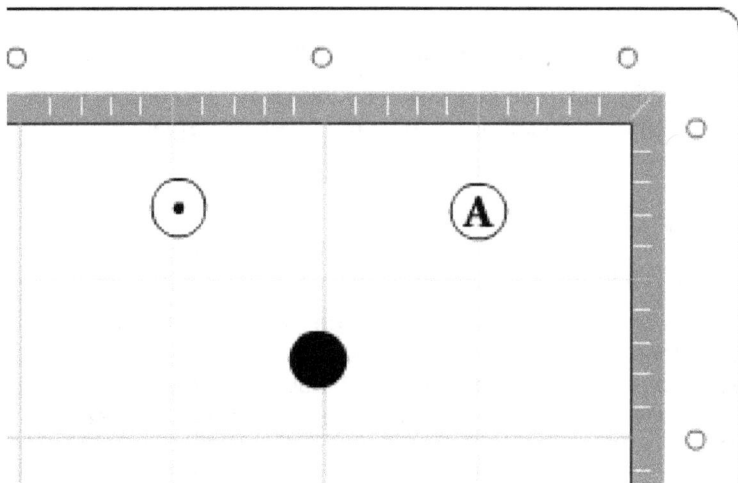

(A) (CB) (votre balle)

(•) (OB) (balle de l'adversaire)

● (OB) Balle rouge

Chaque configuration a deux dispositions de table. Le premier tableau est la position de la balle. La deuxième table est la façon dont les balles se déplacent sur la table.

Instructions de configuration de la table

Utilisez des anneaux de reliure en papier pour marquer les positions de la balle (achetez dans n'importe quel magasin de fournitures de bureau).

Placez une pièce de monnaie sur chaque coussin de table que le (CB) touchera.

Comparez votre chemin (CB) avec la configuration de la deuxième table. Pour apprendre, vous pouvez avoir besoin de plusieurs tentatives. Après chaque échec, effectuez les réglages et réessayez jusqu'à ce que vous réussissiez.

But de la disposition des tables

Ces mises en page sont fournies à deux fins.

- Votre analyse - À la maison, vous pouvez réfléchir à la manière de jouer la configuration sur la première table. Comparez vos idées au modèle actuel de la deuxième table. Pensez à votre solution et envisagez des options. À partir du deuxième tableau, vous pouvez également analyser comment suivre le modèle. Jouez mentalement le coup et décidez comment vous pouvez réussir.

- Entraînez-vous à la configuration de la table - Placez les balles en place, conformément à la configuration du premier tableau. Essayez de tirer de la même manière que le motif de la deuxième table. Vous devrez peut-être faire plusieurs tentatives avant de trouver la bonne façon de jouer. C'est ainsi que vous pouvez apprendre et jouer ces coups lors des compétitions et des tournois.

La combinaison de l'analyse mentale et de la pratique pratique fera de vous un joueur plus intelligent.

A: Table de quart

Le (CB) se déplace dans un quart de la surface de la table. Le (CB) se détache du premier (OB) et pénètre dans le long bandas, le bandas court et le bandas long opposé. Ensuite, le (CB) contacte l'autre (OB).

Ⓐ (CB) (votre balle) - ⊙ (OB) (balle de l'adversaire) – ⬤ (OB) Balle rouge

A: Groupe 1

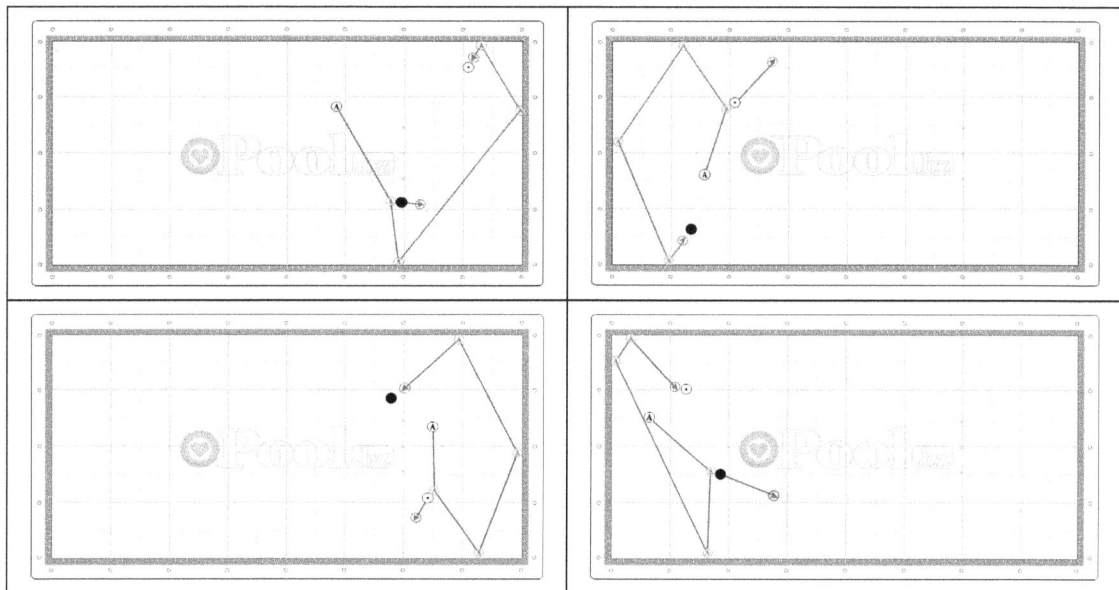

Une analyse:

A:1a. _____

A:1b. _____

A:1c. _____

A:1d. _____

A:1a – Installer

Notes et idées:

Modèle de balle

A:1b – Installer

Notes et idées:

Modèle de balle

C:1c – Installer

Notes et idées:

Modèle de balle

A:1d – Installer

Notes et idées:

Modèle de balle

A: Groupe 2

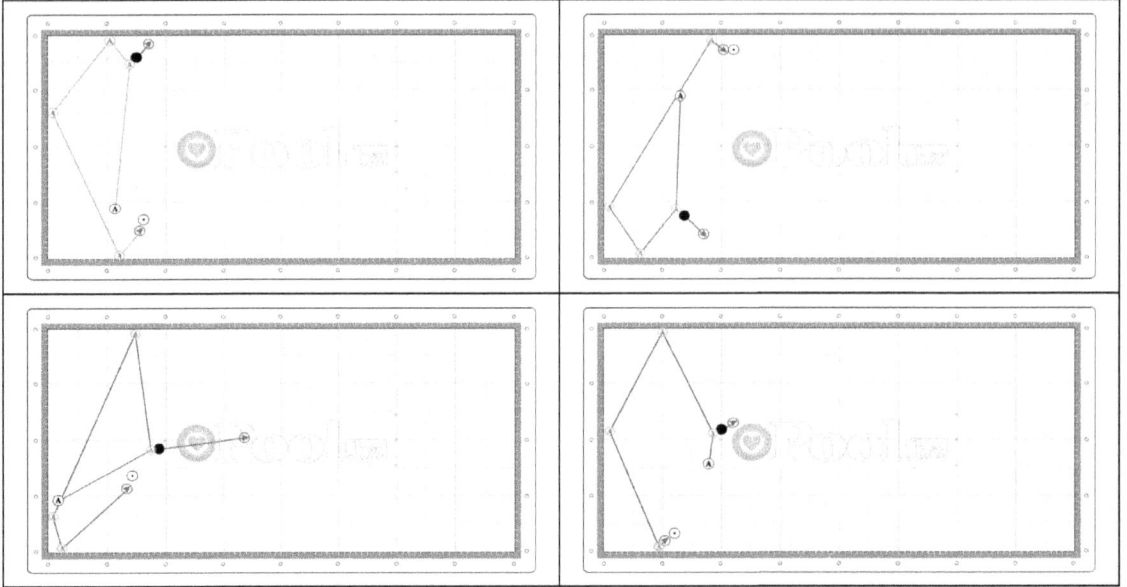

Une analyse:

A:2a. _____

A:2b. _____

A:2c. _____

A:2d. _____

A:2a – Installer

Notes et idées:

Modèle de balle

A:2b – Installer

Notes et idées:

Modèle de balle

A:2c – Installer

Notes et idées:

Modèle de balle

A:2d – Installer

Notes et idées:

Modèle de balle

A: Groupe 3

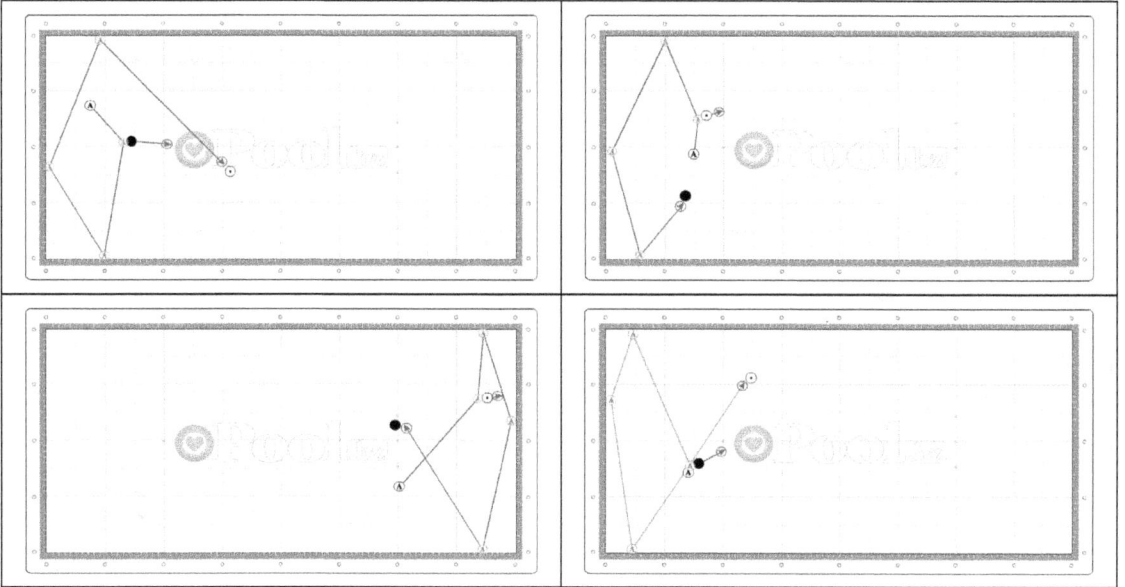

Une analyse:

A:3a. _____

A:3b. _____

A:3c. _____

A:3d. _____

A:3 – Installer

Notes et idées:

Modèle de balle

A:3b – Installer

Notes et idées:

Modèle de balle

A:3c – Installer

Notes et idées:

Modèle de balle

A:3d – Installer

Notes et idées:

Modèle de balle

B: 1/8 modèles de table

Le (CB) se déplace dans un petit huitième de la surface de la table.

Ⓐ (CB) (votre balle) - ⊙ (OB) (balle de l'adversaire) – ● (OB) Balle rouge

B: Groupe 1

Une analyse:

B:1a. _____

B:1b. _____

B:1c. _____

B:1d. _____

B:1a – Installer

Notes et idées:

Modèle de balle

B:1b – Installer

Notes et idées:

Modèle de balle

B:1c – Installer

Notes et idées:

Modèle de balle

B:1d – Installer

Notes et idées:

Modèle de balle

B: Groupe 2

Une analyse:

B:2a. _____

B:2b. _____

B:2c. _____

B:2d. _____

B:2a – Installer

Notes et idées:

Modèle de balle

B:2b – Installer

Notes et idées:

Modèle de balle

B:2c – Installer

Notes et idées:

Modèle de balle

B:2d – Installer

Notes et idées:

Modèle de balle

C: Force la balle en avant

Une fois que le (CB) est entré en contact avec le premier (OB), le pivot supérieur (CB) force la balle dans le motif.

Ⓐ (CB) (votre balle) - ⊙ (OB) (balle de l'adversaire) – ● (OB) Balle rouge

C: Groupe 1

Une analyse:

C:1a. _____

C:1b. _____

C:1c. _____

C:1d. _____

C:1a – Installer

Notes et idées:

Modèle de balle

C:1b – Installer

Notes et idées:

Modèle de balle

C:1c – Installer

Notes et idées:

Modèle de balle

C:1d – Installer

Notes et idées:

Modèle de balle

C: Groupe 2

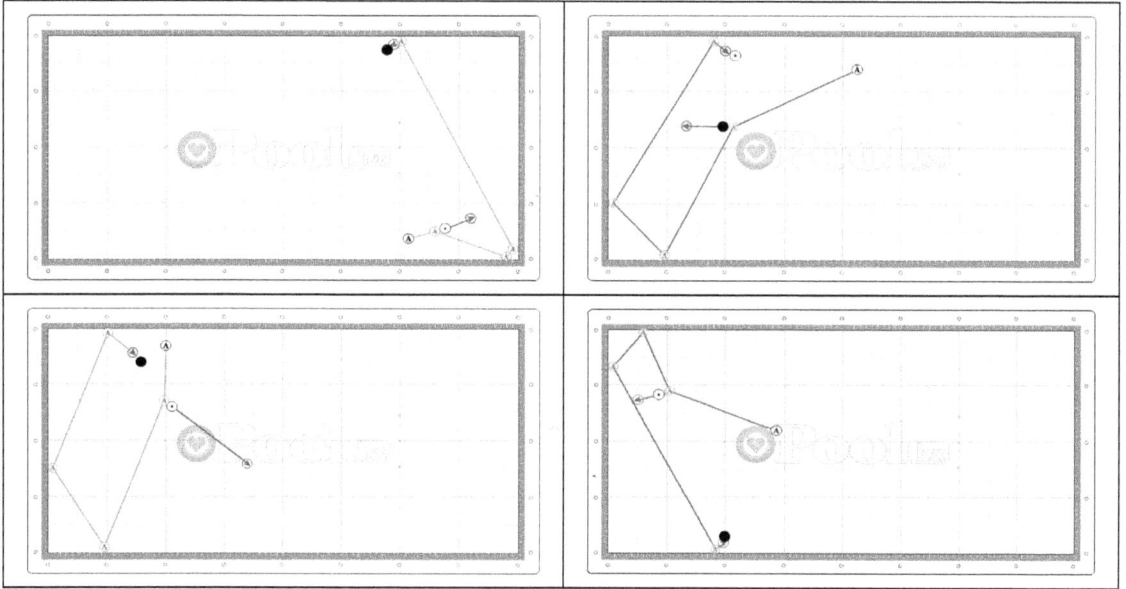

Une analyse:

C:2a. _____

C:2b. _____

C:2c. _____

C:2d. _____

C:2a – Installer

Notes et idées:

Modèle de balle

C:2b – Installer

Notes et idées:

Modèle de balle

C:2c – Installer

Notes et idées:

Modèle de balle

C:2d – Installer

Notes et idées:

Modèle de balle

D: Revers intérieur

Le (CB) se détache du premier (OB) avec une combinaison de spin latéral et inverse.

Ⓐ (CB) (votre balle) - ⊙ (OB) (balle de l'adversaire) – ⬤ (OB) Balle rouge

D: Groupe 1

Une analyse:

D:1a. _____

D:1b. _____

D:1c. _____

D:1d. _____

D:1a – Installer

Notes et idées:

Modèle de balle

D:1b – Installer

Notes et idées:

Modèle de balle

D:1c – Installer

Notes et idées:

Modèle de balle

D:1d – Installer

Notes et idées:

Modèle de balle

D: Groupe 2

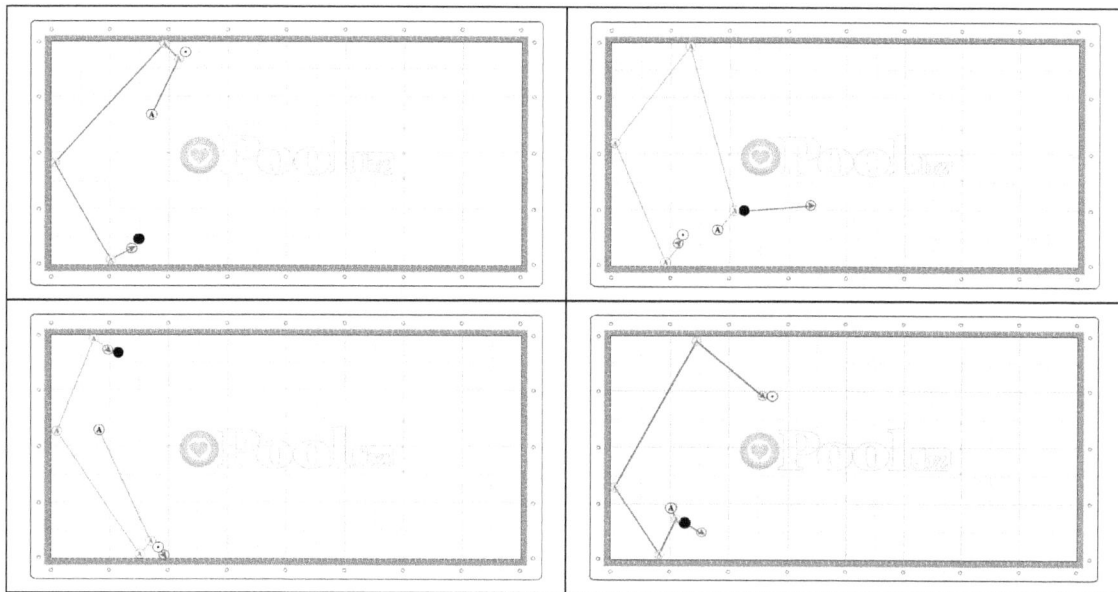

Une analyse:

D:2a. _____

D:2b. _____

D:2c. _____

D:2d. _____

D:2a – Installer

Notes et idées:

Modèle de balle

D:2b – Installer

Notes et idées:

Modèle de balle

D:2c – Installer

Notes et idées:

Modèle de balle

D:2d – Installer

Notes et idées:

Modèle de balle

E: Première jambe prolongée

Le (CB) parcourt une longue distance pour se rendre au premier (OB).

Ⓐ (CB) (votre balle) - ⊙ (OB) (balle de l'adversaire) – ⬤ (OB) Balle rouge

E: Groupe 1

Une analyse:

E:1a. _____

E:1b. _____

E:1c. _____

E:1d. _____

E:1a – Installer

Notes et idées:

Modèle de balle

E:1b – Installer

Notes et idées:

Modèle de balle

E:1c – Installer

Notes et idées:

Modèle de balle

E:1d – Installer

Notes et idées:

Modèle de balle

E: Groupe 2

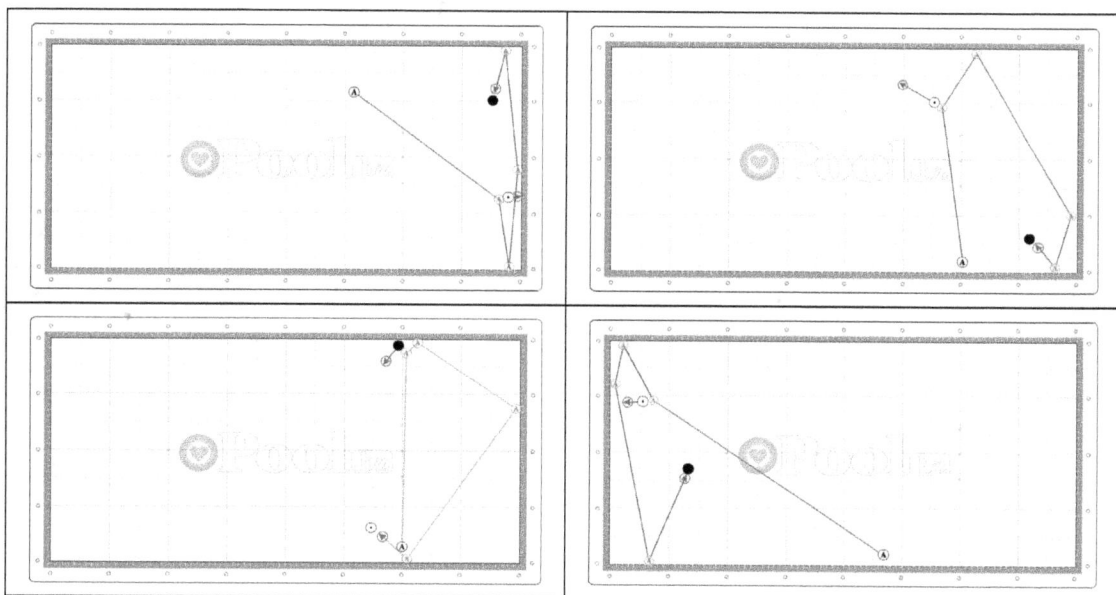

Une analyse:

E:2a. _____

E:2b. _____

E:2c. _____

E:2d. _____

E:2a – Installer

Notes et idées:

Modèle de balle

E:2b – Installer

Notes et idées:

Modèle de balle

E:2c – Installer

Notes et idées:

Modèle de balle

E:2d – Installer

Notes et idées:

Modèle de balle

E: Groupe 3

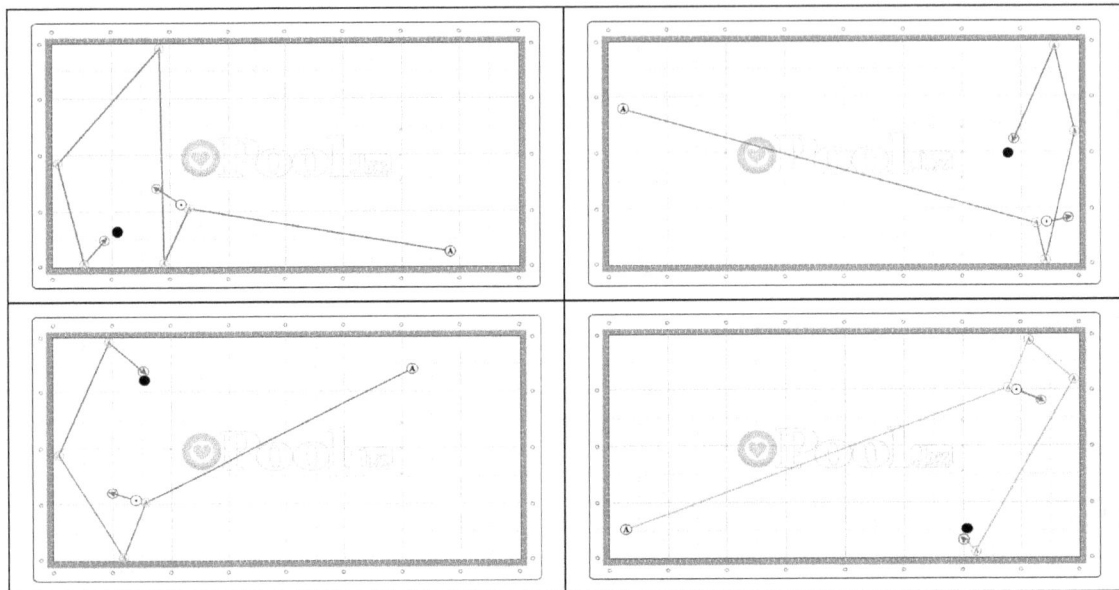

Une analyse:

E:3a. _____

E:3b. _____

E:3c. _____

E:3d. _____

E:3a – Installer

Notes et idées:

Modèle de balle

E:3b – Installer

Notes et idées:

Modèle de balle

E:3c – Installer

Notes et idées:

Modèle de balle

E:3d – Installer

Notes et idées:

Modèle de balle

F: Troisième jambe prolongée

Après que le (CB) se soit détaché du premier (OB), il entre dans le bandas long. Il entre dans le bandas court et le bandas long, puis se déplace sur une longue distance vers l'autre (OB). -

Ⓐ (CB) (votre balle) - ⊙ (OB) (balle de l'adversaire) – ⬤ (OB) Balle rouge

F: Groupe 1

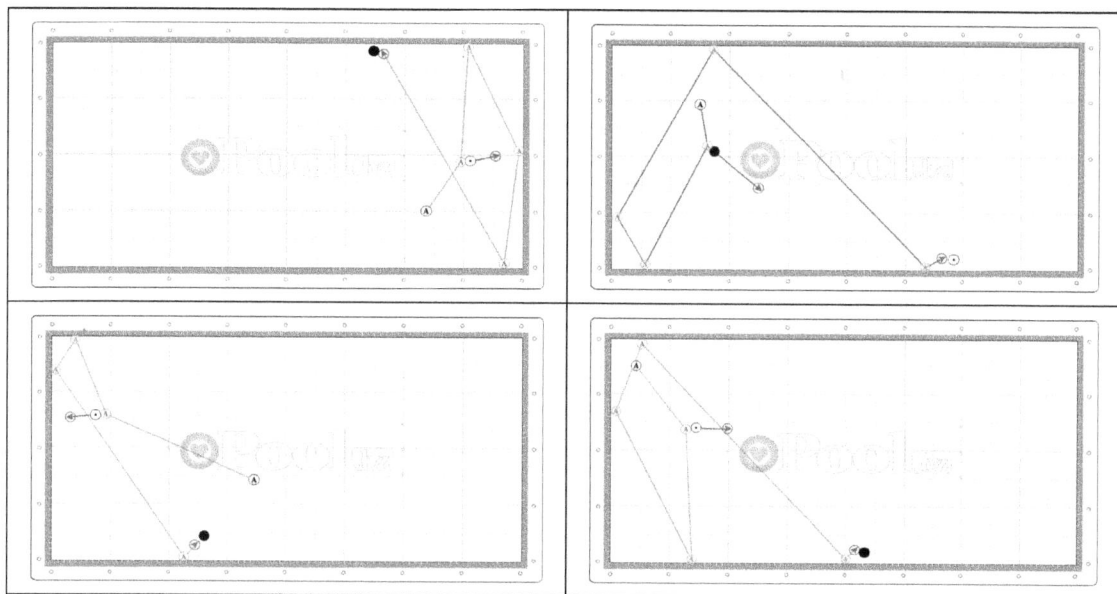

Une analyse:

F:1a. _____

F:1b. _____

F:1c. _____

F:1d. _____

F:1a – Installer

Notes et idées:

Modèle de balle

F:1b – Installer

Notes et idées:

Modèle de balle

Billar tres bandas: Petits motifs de cercle de table

F:1c – Installer

Notes et idées:

Modèle de balle

66

F:1d – Installer

Notes et idées:

Modèle de balle

F: Groupe 2

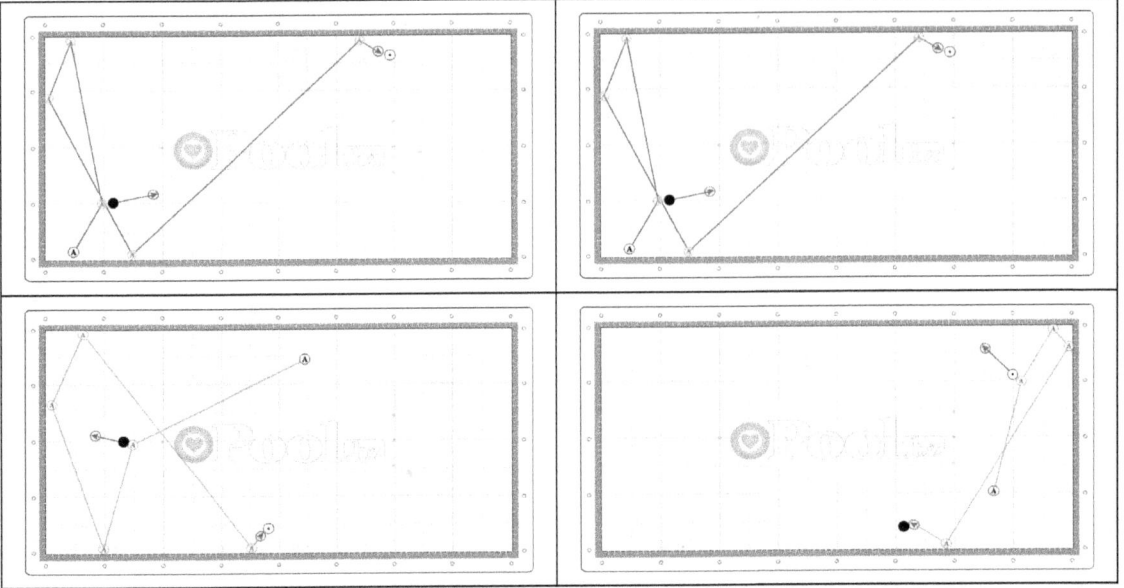

Une analyse:

F:2a. _____

F:2b. _____

F:2c. _____

F:2d. _____

F:2a – Installer

Notes et idées:

Modèle de balle

F:2b – Installer

Notes et idées:

Modèle de balle

F:2c – Installer

Notes et idées:

Modèle de balle

F:2d – Installer

Notes et idées:

Modèle de balle

F: Groupe 3

Une analyse:

F:3a. _____

F:3b. _____

F:3c. _____

F:3d. _____

F:3a – Installer

Notes et idées:

Modèle de balle

F:3b – Installer

Notes et idées:

Modèle de balle

F:3c – Installer

Notes et idées:

Modèle de balle

F:3d – Installer

Notes et idées:

Modèle de balle